O MELHOR DE Lupicínio Rodrigues

Arranjos para piano com cifras para violão, guitarra e teclado

Nº Cat.: 329-A

Irmãos Vitale S.A. Indústria e Comércio
www.vitale.com.br
Rua França Pinto, 42 Vila Mariana São Paulo SP
CEP: 04016-000 Tel.: 11 5081-9499 Fax: 11 5574-7388

© Copyright 2009 by Irmãos Vitale S.A. Ind. e Com. - São Paulo - Brasil
Todos os direitos autorais reservados para todos os países. *All rights reserved.*

Créditos

Capa e projeto gráfico
Maurício Biscaia Veiga

Editoração das Partituras
Gustavo R. Penha

Revisão Ortográfica
Marcos Roque

Coordenação Editorial
Roberto Votta

Produção Executiva
Fernando Vitale

CIP-BRASIL. CATALOGAÇÃO NA FONTE
SINDICATO NACIONAL DOS EDITORES DE LIVROS - RJ.

R611m

Rodrigues, Lupicínio, 1914-1974
   O melhor de Lupicínio Rodrigues : arranjos para piano com cifras para violão, guitarra e teclado. - São Paulo : Irmãos Vitale, 2010.
   64 p.

ISBN 978-85-7407-303-3

    1. Música popular - Brasil.
    2. Partituras.
     I. Título.

10-4870.
                                      CDD: 784.500981
                                      CDU: 78.067.26(81)

23.09.10   06.10.10   021839

Índice

Prefácio..5
As aparências enganam..................................26
Aves daninhas..52
Basta..12
Brasa..62
Cadeira vazia..23
Castigo..40
Cocktail de sofrimento.................................44
Dona divergência.......................................59
Ela disse-me assim (vá embora).........................30
Esses moços (pobres moços).............................10
Exemplo..18
Felicidade...28
Foi assim..56
Há um Deus...42
Loucura..37
Maria Rosa...20
Migalhas...34
Minha ignorância.......................................32
Nervos de aço..14
Nossa Senhora das Graças...............................54
Nunca..50
Quem há de dizer..7
Se acaso você chegasse (vivendo de amor)...............48
Vingança...46
Volta..16

Prefácio

Lupicínio Rodrigues, compositor, poeta, filósofo.

O intrínseco na obra da criação envolve a volúpia dos autores e compositores aos pedestais no panthéon do criador. São estrelas, flechas, cometas, raios e trovões no plano da velocidade da luz ou, quem sabe ainda, noutras dimensões comunicativas entre estes com capacidade de elevar o ser criador, homens e mulheres nas complexas relações da criação.

Ora, neste universo de bilhões de seres nas diversas formas que envolvem a criação, apenas alguns são distintos e mais raros ainda são aqueles que entre os distintos adentram para fazer parte no tabernáculo do mestre. Continuando, existem ainda nessa relação aqueles que entre os distintos estão mais distintos e fazem parte à mesa, dos clãs, homens com a sabedoria superior emanada do encontro entre Deus e o homem. É claro, aceitem ou não aceitem essas passagens, se são verdadeiras ou não, não há como provar, são metafísicas, mas elas estão aí. São o crivo da vida.

Lupicínio Rodrigues nasceu em 16 de setembro de 1914, na cidade de Porto Alegre, no estado do Rio Grande do Sul, e faleceu em 27 de agosto de 1974, em sua cidade natal. Filho de Francisco Rodrigues e Abegail Alvernes Rodrigues, "Lupi", como era carinhosamente chamado entre a família e amigos, foi o primogênito dos homens na filiação de uma prole com 21 irmãos. Com seu jeito "manso, calmo, terno, inspirado, observador", detinha poderes empíricos de penetrar na "alma do ser", quando este estava agonizando pelo amor, envolto pela paixão e no sentimento.

O poeta sabia identificar nas "células microssômicas do ser" aquelas que estavam dilaceradas, atingidas pelos raios, pelas flechas com danos irreparáveis no amor. Assim como um "cirurgião cósmico", dissecava-as no ato do sentimento.

"Observador, inspirado", expunha a alma diante da "dor de cotovelo". "Dor" que lhe valeu o título de "rei da dor de cotovelo", numa forma fácil, simples, independente, contendo conhecimento da verdade sobre o indivíduo sofrido, agonizante, amputado do seu amor e com profunda causa filosófica.

Lupicínio Rodrigues é um filósofo. A obra lítero compõe esse vergalhão em "versos que estão gravados na história", a partir da MPB, uma obra que em sua totalidade tem "luz, dimensão e propositura"; é capaz de se recarregar nas vestes, no corpo, nas lágrimas, no sorriso, na felicidade, na saudade e nas vitórias porque é uma obra, está completa e sai própria para visitar, navegar, voar pelo mundo. Sabe onde? No território da alma humana.

Lupi nunca tocou instrumento musical. Seu instrumento era o "corpo da dor e o amor" executado ao som da batucada de uma "caixa de fósforos". Compôs marchas de carnaval, sambas, guarânias, valsas, músicas do gênero gauchesco, sambas-canções, hinos, canções e está gizado entre os dez maiores compositores da música popular brasileira.

Por tudo isso deve-se o respaldar no amor de Lupi à família e, em especial, à dona Cerenita Quevedo Rodrigues, minha mãe. Foi ela quem soube ser a musa, a esposa amiga e companheira em trinta anos casados. Também a inspiradora de inúmeras obras lapidadas pelo poder da criação do poeta, que não só poetizou para outros, mas também enfatizou a família como um todo dedicando músicas imortais.

Sim, porque aqueles eternos amados e apaixonados detinham outros predicados. Além de se dedicarem à robustez do amor na florescência da família, também eram seres envolvidos no dia a dia, viam as coisas "muito diferentes do que são", olhares distantes no seu caminhar arquitetando o hoje, preocupados no seu amanhã e com o futuro da humanidade.

Lupi construiu um legado: deixou o sentimento, a razão, a dor do amor e foi conduzido, "calmo, sereno, terno", como era seu jeito, para a morada dos geniais, onde só os gênios habitam e se comunicam entre si do campo da imaterialidade para a imortalidade.

Lupicínio Rodrigues Filho

Quem há de dizer

samba

Lupicínio Rodrigues
Alcides Gonçalves

Quem há de dizer
Que quem vocês estão vendo
Naquela mesa bebendo
É o meu querido amor
Repare bem que toda vez que ela fala
Ilumina mais a sala
Do que a luz do refletor
O *cabaret* se inflama
Quando ele dança
E com a mesma esperança
Todos lhe põem o olhar
E eu, o dono,
Aqui no meu abandono
Espero louco de sono
O *cabaret* terminar.

Rapaz! Leve esta mulher contigo
Disse uma vez um amigo
Quando nos viu conversar
Vocês se amam
E o amor deve ser sagrado
O resto deixa de lado
Vai construir o seu lar
Palavra! Quase aceitei o conselho
O mundo este grande espelho
Que me fez pensar assim
Ela nasceu com o destino da lua
Pra todos que andam na rua
Não vai viver só pra mim.

Esses moços (pobres moços)
samba

Lupicínio Rodrigues

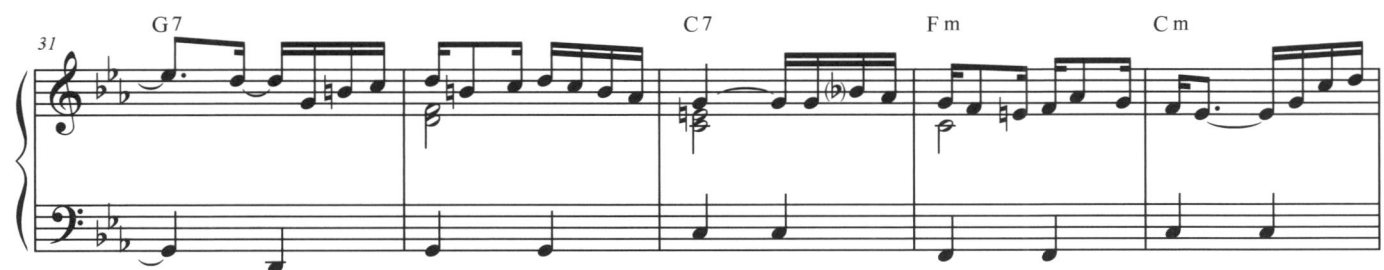
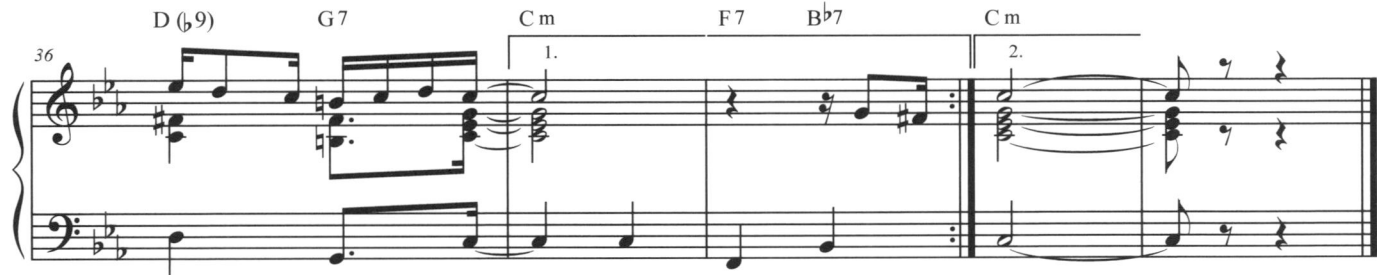

Esses moços
Pobres moços
Ah! se soubessem o que sei
Não amavam, não passavam
Aquilo que já passei
Por meus olhos
Por meus sonhos
Por meu sangue
Tudo enfim
É que eu peço
A esses moços
Que acreditem em mim.

Se eles julgam que há um lindo futuro
Só o amor nesta vida conduz
Saibam que deixam o céu por ser escuro
E vão ao inferno à procura de luz
Eu também tive nos meus belos dias
Esta mania e muito me custou
Pois só as mágoas que eu trago hoje em dia
E estas rugas o amor me deixou.

Basta
samba

Lupicínio Rodrigues
Felisberto Martins

© Copyright 1944 by Irmãos Vitale S.A. Ind. e Com. – São Paulo – Brasil.
Todos os direitos autorais reservados para todos os países – *All rights reserved.*

Basta
Eu já sei o que vens me contar
Basta
Eu não quero escutar
Quem fala do meu amor
Não pode ser meu amigo
É uma coisa, que eu sempre digo
Sou eu quem sofro, quando com ela brigo

Deixa primeiro eu ver
Pra depois acreditar
Eu não preciso saber
O que alguém vem me contar
Pois sempre que me aparece
Estas conversas assim
Se é ele, é com olho nela
Se é ela, é com olho em mim

Nervos de aço
samba

Lupicínio Rodrigues

© Copyright 1947 by Irmãos Vitale S.A. Ind. e Com. – São Paulo – Brasil.
Todos os direitos autorais reservados para todos os países – *All rights reserved.*

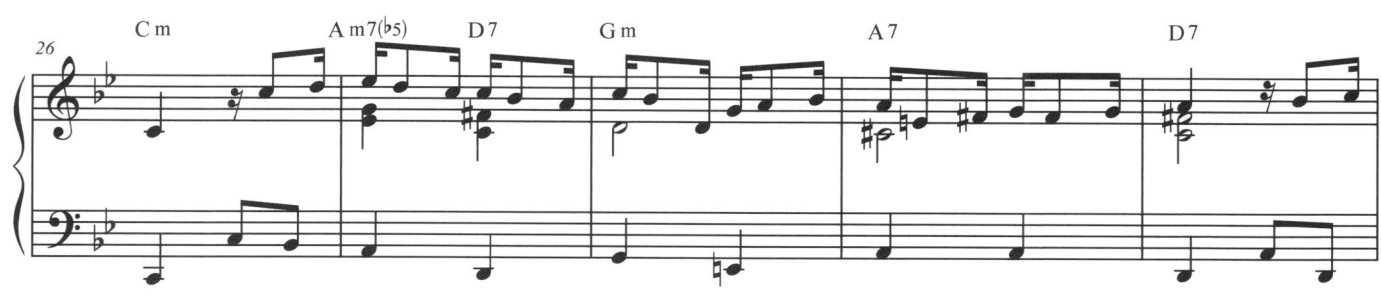

Você sabe o que é ter um amor, meu senhor?
Ter loucura por uma mulher
E depois encontrar este amor, meu senhor?
Nos braços de um tipo qualquer
Você sabe o que é ter um amor, meu senhor?
E por ele quase morrer
E depois encontrar em um braço
Que nem um pedaço
Do meu pode ser

Há pessoas com nervos de aço
Sem sangue nas veias e sem coração
Mas não sei se passando o que eu passo
Talvez não lhe venha qualquer reação
Eu não sei se o que eu trago no peito
É ciúmes, despeito, amizade ou horror
Eu só sinto é que quando a vejo
Me dá um desejo de morte ou de dor.

Volta
samba-canção

Lupicínio Rodrigues

© Copyright 1958 by Edições Euterpe Ltda. – Rio de Janeiro – Brasil.
Todos os direitos autorais reservados para todos os países – *All rights reserved.*

Quantas noites não durmo
A rolar-me na cama
A sentir tanta coisa
Que a gente não sabe explicar quando ama
O calor das cobertas
Não me aquece direito
Não há força no mundo
Que possa afastar este frio em meu peito
Volta
Vem viver outra vez a meu lado
Eu não posso dormir sem teu braço
Pois meu corpo está acostumado.

Exemplo
samba

Lupicínio Rodrigues

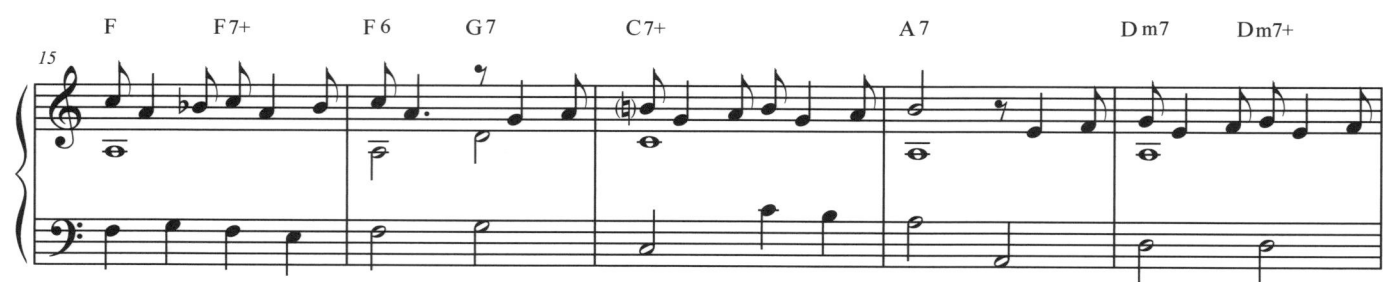

© Copyright 1961 by Editora de Música Indus Ltda incorporada a Peermusic do Brasil Edições Musicais Ltda.
Todos os direitos autorais reservados para todos os países – *All rights reserved.*

Deixa o sereno da noite
Molhar teus cabelos
Eu quero enxugar amor
Vou buscar água na fonte
Lavar os teus pés, perfumar e beijar amor

É assim que começam os romances
E assim começamos nós dois
Pouca gente repete estas frases
Um ano depois

Dez anos estás ao meu lado
Dez anos vivemos brigando
Mas quando eu chego cansado
Teus braços estão me esperando
Este é o exemplo que damos
Aos jovens recém namorados
Que é melhor se brigar juntos
Do que chorar separados.

Maria Rosa
samba-canção

Lupicínio Rodrigues
Alcides Gonçalves

© Copyright 1949 by Irmãos Vitale S.A. Ind. e Com. – São Paulo – Brasil.
Todos os direitos autorais reservados para todos os países – *All rights reserved.*

Vocês estão vendo
Aquela mulher de cabelos brancos
Vestindo farrapos, calçando tamancos
Pedindo nas portas pedaços de pão
A conheci quando moça
Era um anjo de formosa
Seu nome é Maria Rosa
Seu sobrenome Paixão
Os trapos de sua veste
Não é só necessidade
Cada um, para ela, representa
Uma saudade
De um vestido de baile
Ou de um presente talvez
Que algum dos seus apaixonados lhe fez

Quis certo dia Maria
Pôr a fantasia de tempos passados
Por em sua galeria
Uns novos apaixonados
Esta mulher que outrora
A tanta gente encantou
Nem um olhar teve agora
Nem um sorriso encontrou
E então dos velhos vestidos
Que foram outrora sua predileção
Mandou fazer esta capa de recordação

Vocês Marias de agora
Amem somente uma vez
Pra que mais tarde esta capa
Não sirva em vocês.

Cadeira vazia
samba-canção

Lupicínio Rodrigues
Alcides Gonçalves

© Copyright 1949 by Irmãos Vitale S.A. Ind. e Com. – São Paulo – Brasil.
Todos os direitos autorais reservados para todos os países – *All rights reserved.*

Entra meu amor, fica à vontade
E diz com sinceridade
O que desejas de mim
Entra pode entrar a casa é tua
Já que cansastes de viver na rua
E teus sonhos chegaram ao fim.

Eu sofri demais quando partistes
Passei tantas horas tristes
Que nem devo lembrar esse dia
Mas de uma coisa podes ter certeza
Que em teu lugar aqui na minha mesa
Tua cadeira ainda está vazia.

Tu és a filha pródiga que volta
Procurando em minha porta
O que o mundo não te deu
E faz de conta que eu sou teu paizinho
Que há tanto tempo aqui ficou sozinho
A esperar por um carinho teu.

Voltastes, estás bem, estou contente
Só me encontrastes muito diferente
Vou te falar de todo coração
Não te darei carinho nem afeto
Mas pra te abrigar pode ocupar o meu teto
Pra te alimentar pode comer meu pão.

As aparências enganam
samba-canção

Lupicínio Rodrigues

Vejam como as aparências enganam
Como difere a vida dos casais!
Não são aqueles que mesmo se amam
Que às vezes moram em lugares iguais...
Há uns que casam porque se querem
Outros somente por comprazer,
Sem se lembrarem que
Por mais que quiserem
Nunca mais hão de deixar de sofrer!

Com seu criado que está presente
Também se passa uma história assim
Ela casou-se com outro vivente
E eu tenho outra mulher para mim...
Só uma coisa eu sempre reclamo
Pois até hoje não me conformei:
Que quem casou com a pessoa que eu amo
Beija na boca que tanto eu beijei!

Felicidade
schottisch-canção

Lupicínio Rodrigues

© Copyright 1947 by Irmãos Vitale S.A. Ind. e Com. – São Paulo – Brasil.
Todos os direitos autorais reservados para todos os países – *All rights reserved.*

Felicidade foi-se embora
E a saudade no meu peito
Ainda mora.
E é por isso que eu gosto lá de fora
Porque eu sei que a falsidade
Não vigora.

A minha casa
Fica lá detrás do mundo
Mas eu vou em um segundo
Quando começo a cantar.
O pensamento
Parece uma coisa à toa
Mas como é que a gente voa
Quando começa a pensar.

Ela disse-me assim (vá embora)
samba-canção

Lupicínio Rodrigues

© Copyright 1959 by Edições Euterpe Ltda. – Brasil.
Todos os direitos autorais reservados para todos os países – *All rights reserved.*

Ela disse-me assim
Tenha pena de mim, vá embora
Vais me prejudicar
Ele pode chegar, está na hora
E eu não tinha motivos nenhum
Para me recusar
Mas aos beijos caí em seus braços
E pedi pra ficar.

Sabe o que se passou
Ele nos encontrou, e agora
Ela sofre somente porque
Foi fazer o que eu quis
E o remorso está me torturando
Por ter feito a loucura que fiz
Por um simples prazer
Fui fazer meu amor infeliz.

Minha ignorância
samba-canção

Lupicínio Rodrigues

© Copyright 1954 by Irmãos Vitale S.A. Ind. e Com. – São Paulo – Brasil.
Todos os direitos autorais reservados para todos os países – *All rights reserved*.

Eu hoje preciso fazer
Uso da minha ignorância
Quero ofender-te,
Quero dizer-te tudo que és
Por incrível que pareça
Andei perdendo a cabeça
Porque não serves
Nem pra lavar meus pés.

És a semente do mal
Plantada por Demo
Para colher desengano e desilusão
Quando estou perto de ti
Eu confesso que tremo
Porque eu sinto em perigo o meu coração
Isto que estou gritando no meu desespero
Devia haver no momento em que te conheci
Eu não andava sofrendo
Eu não andava chorando
Eu não estava passando
O que passo por ti.

Migalhas
samba-canção

Lupicínio Rodrigues
Felisberto Martins

© Copyright 1944 by Irmãos Vitale S.A. Ind. e Com. – São Paulo – Brasil.
Todos os direitos autorais reservados para todos os países – *All rights reserved.*

Quando amanheço sem pão e sem trabalho
Vendo no meu agasalho
Os remendos de outra cor;
Nervosa sento na ponta da mesa
Quase a morrer de tristeza
A pensar no teu amor.
Eu a teu lado, tive fartura e carinho
Cantei qual um passarinho
Nos galhos do paraíso
Tive na vida um eterno sorriso
Infelizmente não quis
Para tornar-te um perdido
E eu uma infeliz.

Às vezes no auge da aflição
Lembro-me de tua casa
Não pra pedir-te perdão,
Pois não é justo
Que eu queira ser perdoada
Sabendo ser a culpada
De toda nossa questão.
A solidão quase me leva à loucura
De ir procurar a fartura
Que eu deixei no teu lar
Mas a chorar vejo na minha tristeza
Que não mereço as migalhas
Que caem da tua mesa.

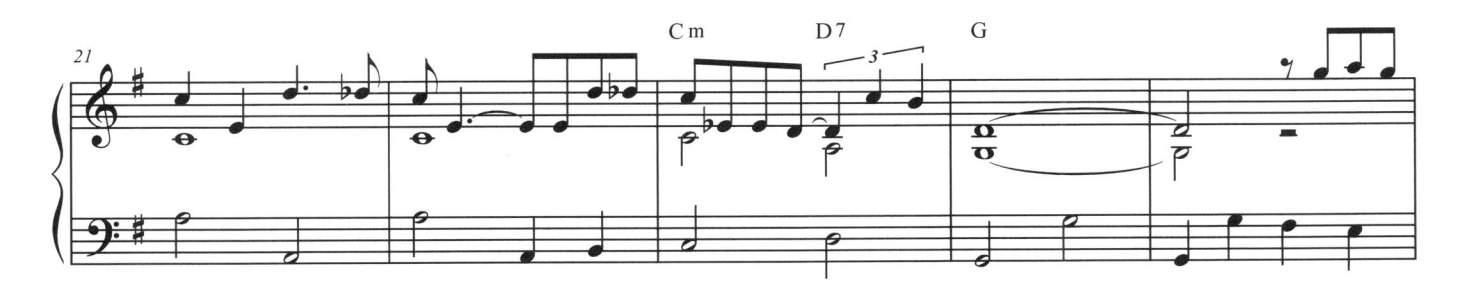

Loucura
samba-canção

Lupicínio Rodrigues

26
Dm G C Cm G E Am D7
32
G Am B7 Em 3 3 Am 3
38
B7 Em Am B7 Em
43
D C Am B7
48
Em Am

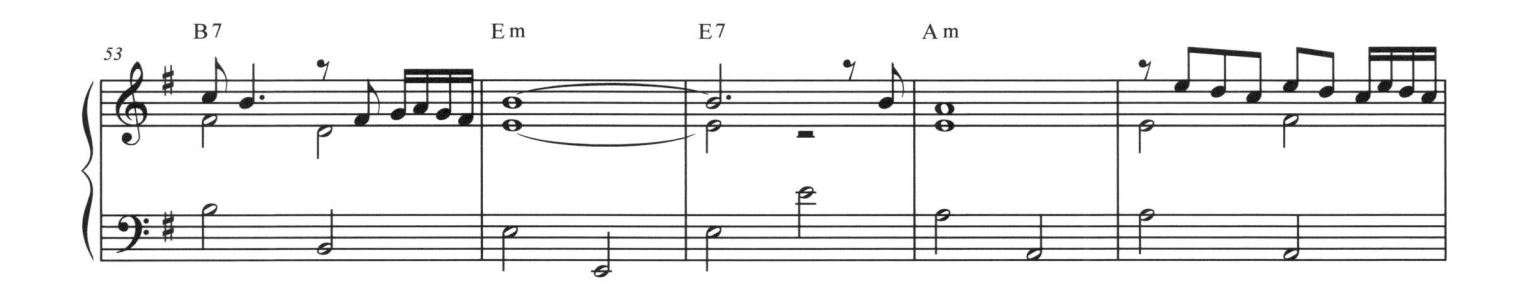

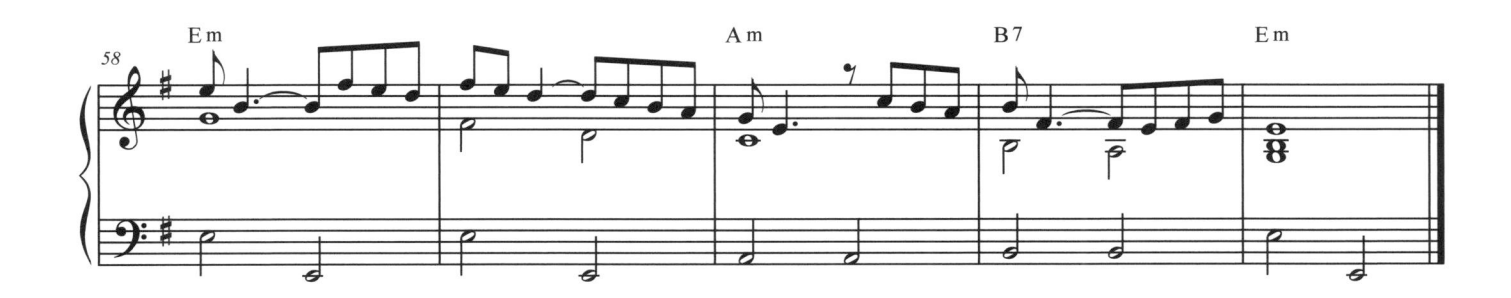

E ai
Eu comecei a cometer loucura
Era um verdadeiro inferno
Uma tortura
O que eu sofria
Por aquele amor
Milhões de diabinhos martelando
Meu pobre coração que agonizando
Já não podia mais de tanta dor

E ai
Eu comecei a cantar verso triste
O mesmo verso que até hoje existe
Na boca triste de algum sofredor
Como é que existe alguém
Que ainda tem coragem de dizer
Que os meus versos não contêm mensagem
São palavras frias, sem nenhum valor

Oh Deus,
Será que o Senhor não está vendo isto
Então por que é que o Senhor
Mandou Cristo
Aqui na terra semear amor
Quando se tem alguém
Que ama de verdade
Serve riso pra humanidade
É um covarde, um fraco, um sonhador
Se é que hoje tudo está tão diferente
Porque não deixa eu mostrar a essa gente
Que ainda existe o verdadeiro amor
Faça ela voltar de novo pra meu lado
Eu me sujeito a ser sacrificado
Salve seu mundo com a minha dor

Castigo
samba-canção

Lupicínio Rodrigues
Alcides Gonçalves

Eu sabia que você um dia
Me procuraria em busca de paz
Muito remorso, muita saudade,
Mas, afinal, o que é que ele traz
A mulher quando é moça e bonita
Nunca acredita poder tropeçar
Quando os espelhos lhe dão conselhos
É que procuram em quem se agarrar.

E você pra mim foi uma delas
Que no tempo em que eram belas
Viam tudo diferente do que é
Agora que não mais encanta
Procura imitar a planta
As plantas que morrem de pé
E eu lhe agradeço por de mim ter se lembrado
Que entretanto desgraçado
Que em sua vida passou
Homem que é homem
Faz qual o cedro que perfuma o machado
Que o derrubou.

Há um Deus
samba-canção

Lupicínio Rodrigues

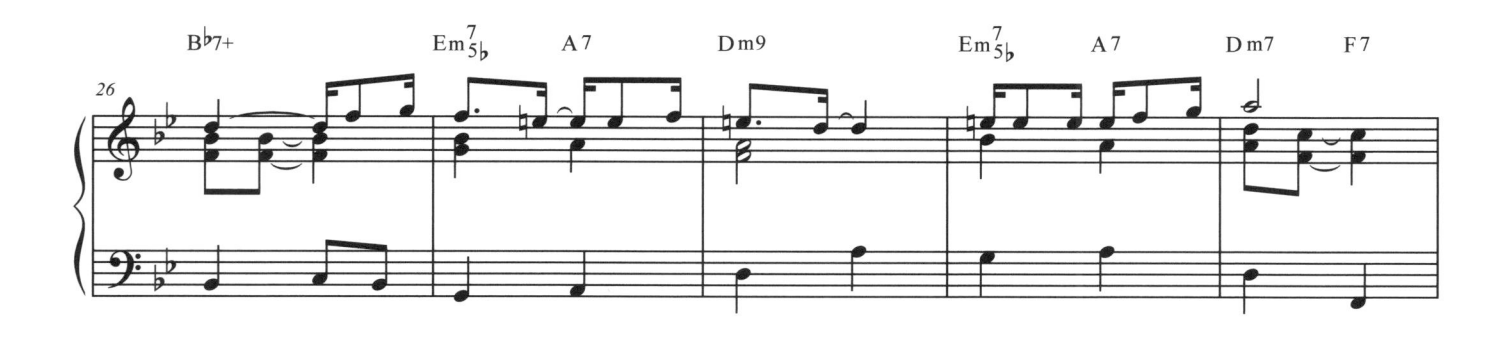

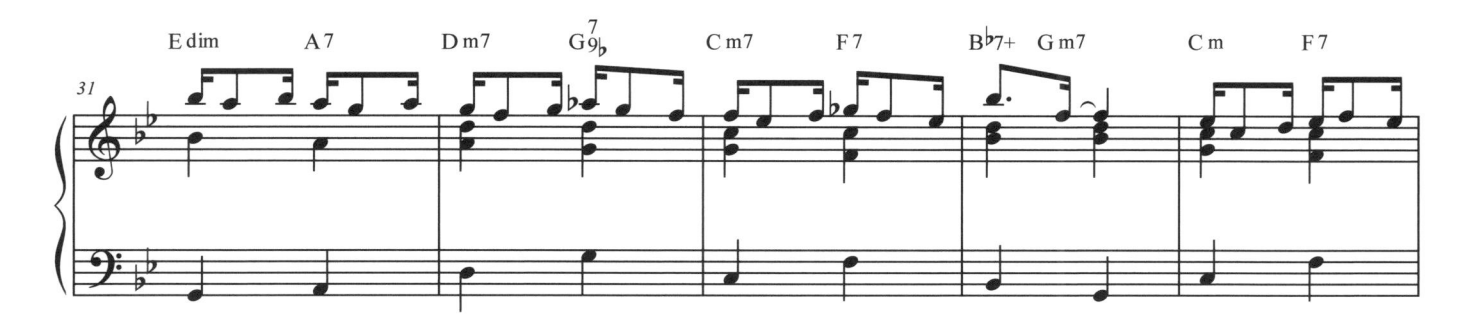

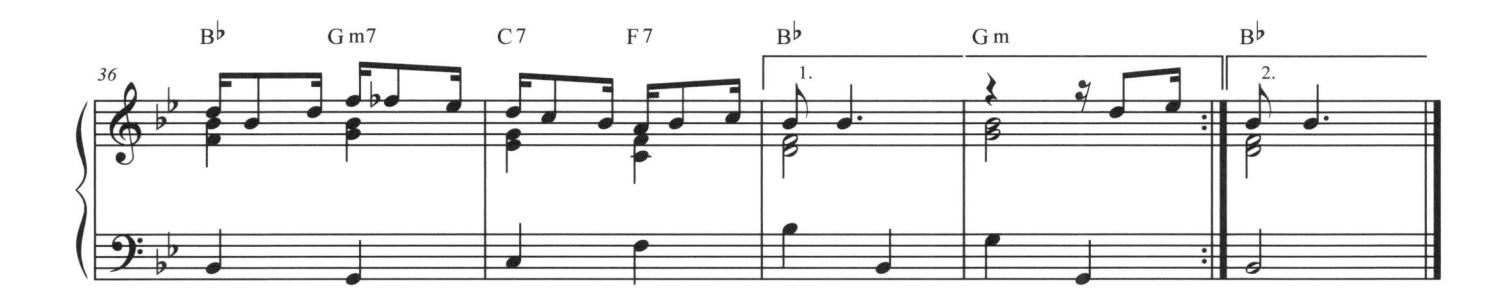

A minha dor é enorme
Mas eu sei que não dorme
Quem vela por nós.
Há um Deus, sim, há um Deus!
E este Deus lá no céu
Há de ouvir minha voz.

Se eles estão me traindo
E andam fingindo que é só amizade
Hão de pagar-me bem caro
Se eu algum dia souber a verdade.

O que fazem comigo
Vejam que não é normal
Justamente falsa amiga
Há de ser minha rival

Há um Deus, sim, há um Deus!

Cocktail de sofrimento
samba-canção

Lupicínio Rodrigues

Eu era uma pessoa boa
Tão cheia de tranquilidade
Na minha vida só havia
Alegria, poesia, amor e bondade
Então você apareceu
E resolveu tornar-me assim
Neste pedaço de maldade
E felicidade que coisa ruim.

Junte todas as lágrimas do mundo
Faça um *cocktail* de sofrimento
Pense em todas as coisas que não prestam
Que couber em seu pensamento
Faça um colar de sentimento
Ponha nele a mágoa mais doída
Pense em mim nesse momento
Que estarás pensando em minha vida.

Vingança
samba-canção

Lupicínio Rodrigues

© Copyright 1944 by Irmãos Vitale S.A. Ind. e Com. – São Paulo – Brasil.
Todos os direitos autorais reservados para todos os países – *All rights reserved.*

Eu gostei tanto
Tanto quando me contaram
Que lhe encontraram
Bebendo e chorando
Na mesa de um bar.
E que quando os amigos do peito
Por mim perguntaram
Um soluço cortou sua voz
Não lhe deixou falar.
Mas eu gostei tanto
Tanto quando me contaram
Que tive mesmo de fazer esforço
Pra ninguém notar.

O remorso talvez seja a causa
Do seu desespero
Ela deve estar bem consciente
Do que praticou,
Me fazer passar esta vergonha
Com um companheiro
E a vergonha
É a herança maior que meu pai me deixou;
Mas enquanto houver força em meu peito
Eu não quero mais nada
Que pra todos os santos vingança
Vingança clamar,
Ela há de rolar qual as pedras
Que rolam na estrada
Sem ter nunca um cantinho de seu
Pra poder descansar.

Se acaso você chegasse (vivendo de amor)
samba

Lupicínio Rodrigues
Felisberto Martins

© Copyright 1940 by Irmãos Vitale S.A. Ind. e Com. – São Paulo – Brasil.
Todos os direitos autorais reservados para todos os países – *All rights reserved.*

Se acaso você chegasse
No meu *château* encontrasse
Aquela mulher
Que você gostou
Será que tinha coragem
De trocar nossa amizade
Por ela que já lhe abandonou

Eu falo porque esta dona
Já mora no meu barraco
À beira de um regato
E um bosque em flor
De dia me lava a roupa
De noite me beija a boca
Assim nós vamos vivendo de amor.

Nunca
samba-canção

Lupicínio Rodrigues

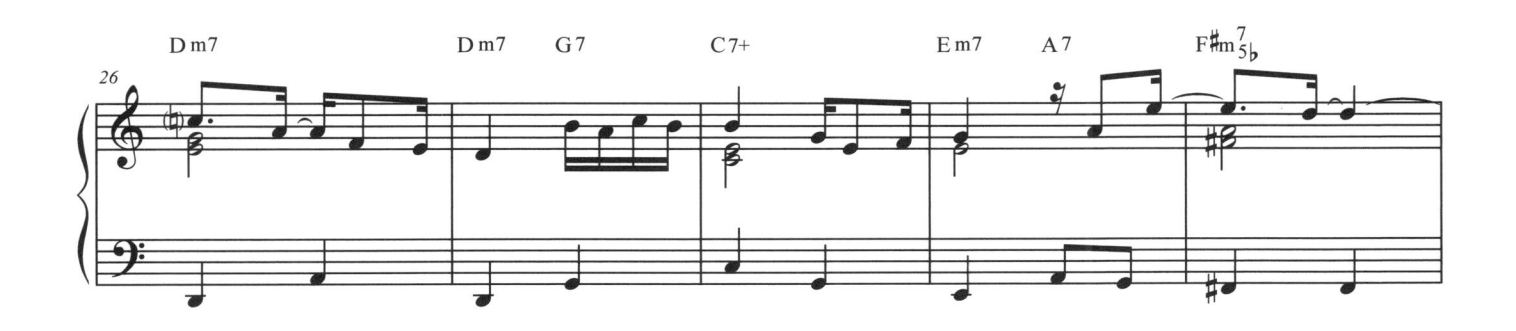

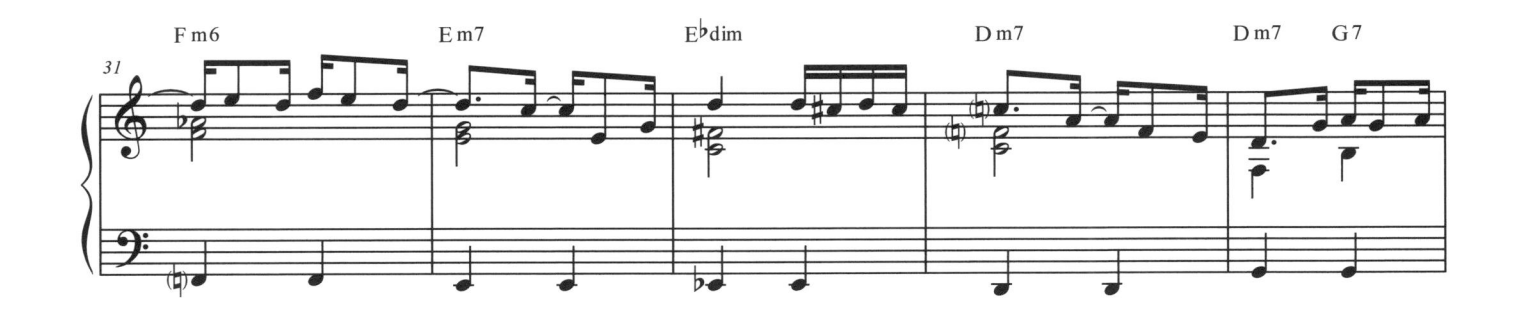

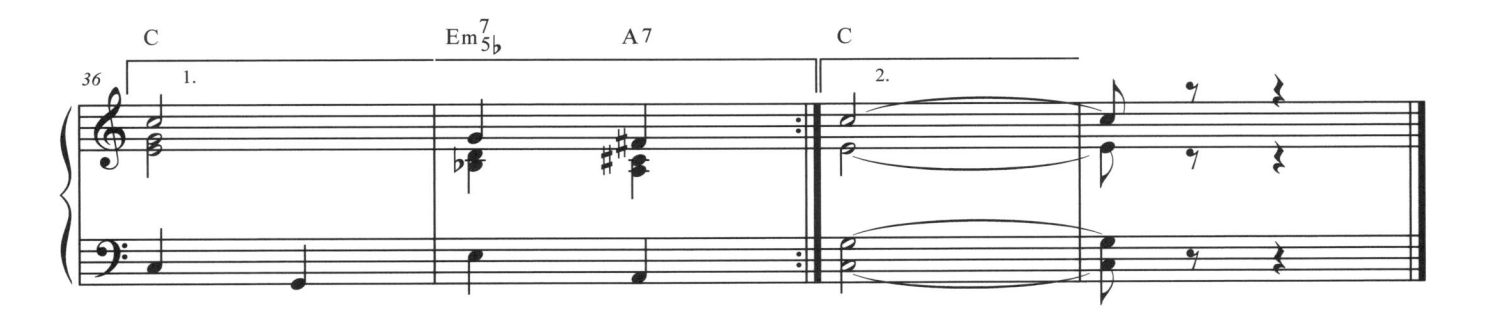

Nunca
Nem que o mundo
Caia sobre mim
Nem se Deus mandar
Nem mesmo assim
As pazes contigo eu farei
Mas nunca
Quando a gente perde a ilusão
Deve sepultar o coração
Como eu sepultei

Saudade
Diga a este moça por favor
Como foi sincero o meu amor
Quanto eu a adorei tempos atrás
Saudade
Não esqueça também de dizer
Que você me faz adormecer
Pra que eu viva em paz.

Aves daninhas
samba-canção

Lupicínio Rodrigues

Eu não quero falar com ninguém
Eu prefiro ir pra casa dormir
Se eu vou conversar com alguém
As perguntas se vão repetir
Quando eu estou em paz com meu bem
Ninguém por ele vem perguntar
Mas sabendo que andamos brigados
Esses malvados querem me torturar.

Se eu vou a uma festa sozinha
Procurando esquecer o meu bem
Nunca falta uma engraçadinha
Perguntando: "ele hoje não vem?"
Já não chegam essas mágoas tão minhas
A chorar nossa separação
Ainda vêm essas aves daninhas
Beliscando o meu coração.

Nossa Senhora das Graças
samba-canção

Lupicínio Rodrigues

Nossa Senhora das Graças
Eu estou desesperado
Sabes que eu sou casado
Tenho um filho que me adora
E uma esposa que me quer
Nossa Senhora das Graças
Estou sendo castigado
Fui brincar com o pecado
Hoje estou apaixonado
Por uma outra mulher

Virgem,
Por tudo que é mais sagrado
Embora eu seja culpado
Não me deixe abandonado
Quero a sua proteção
Virgem,
Dá-me a pena que quiseres
Mas devolva se puderes
À sua verdadeira dona
Meu perverso coração.

Foi assim

samba

Lupicínio Rodrigues

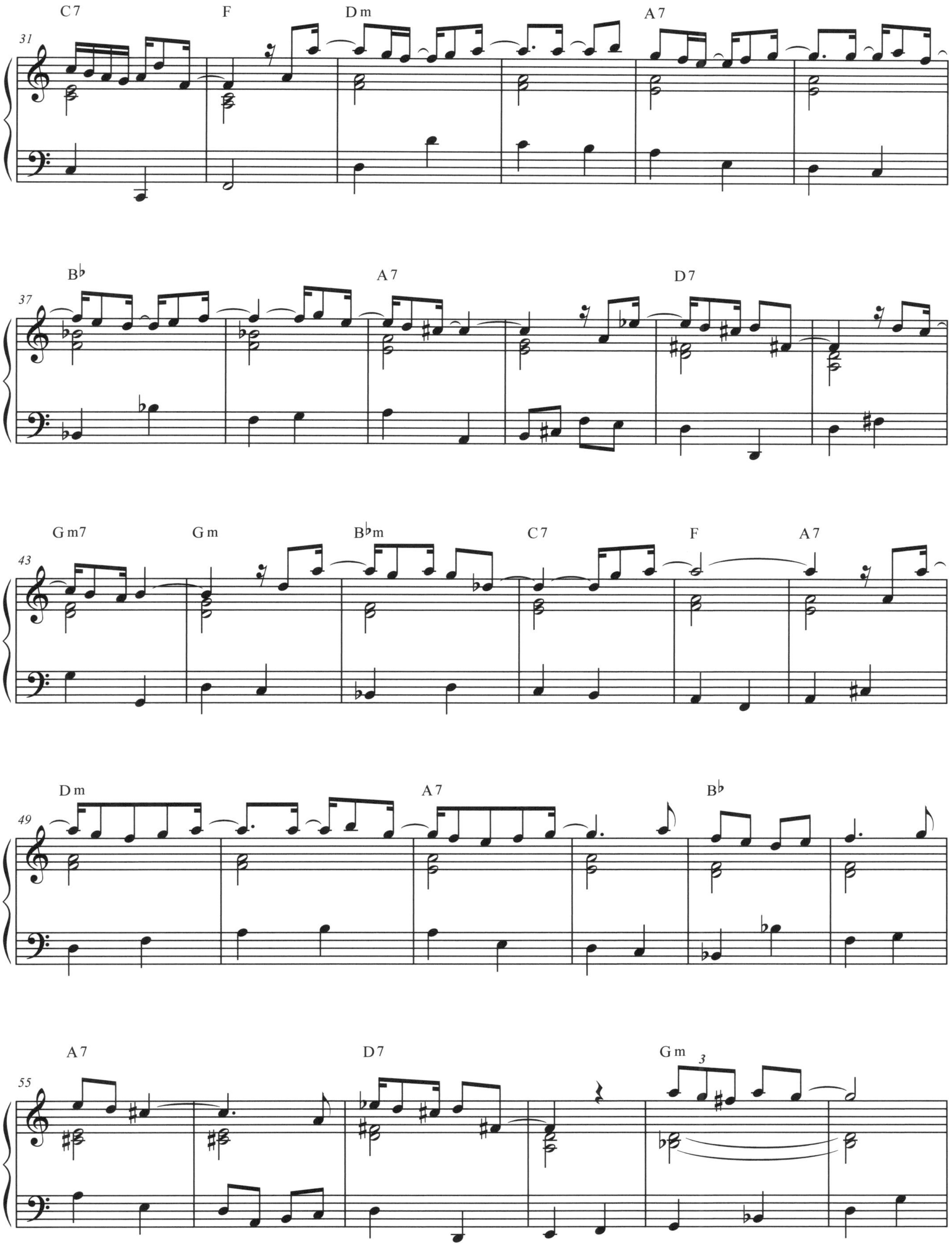
C7 F Dm A7
Bb A7 D7
Gm7 Gm Bbm C7 F A7
Dm A7 Bb
A7 D7 Gm

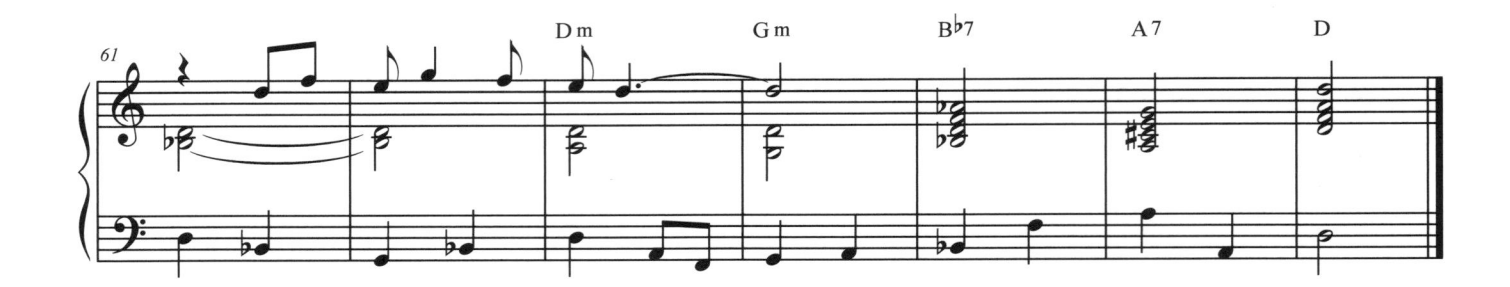

Foi assim
Eu tinha alguém que comigo morava
Porém tinha um defeito que brigava
Embora com razão ou sem razão
Encontrei
Um dia uma pessoa diferente
Que me tratava carinhosamente
Dizendo resolver minha questão
Mas não
Foi assim
Troquei esta pessoa que eu morava
Por essa criatura que eu julgava
Que fosse resolver todo o meu eu
Mas no fim
Fiquei na mesma coisa que eu estava
Porque a criatura que eu sonhava
Não faz aquilo que me prometeu

Não sei se é meu destino
Não sei se é meu azar
Mas tenho de viver brigando
Se todos no mundo encontram seu par
Porque só eu vivo trocando
Se deixo um dia alguém
Por falta de carinho
Por briga e outras coisas mais
Quem aparece no meu caminho
Tem os defeitos iguais.

Dona divergência
samba-canção

Lupicínio Rodrigues
Felisberto Martins

26
G7
C
C7
F
31
C
A7
Dm
G7(13)
36
C
E7
Am
Dm
41
E7
Am
Dm6
E7
Am
47
E
B7
51
E7
Am

Oh! Deus se tens poderes sobre a terra
Deves dar fim a esta guerra
E os desgostos que ela traz
Derrame a harmonia sobre os lares
Ponha tudo em seus lugares
Com o bálsamo da paz
Verás nascer mais flores nos caminhos
Mais canto entre os passarinhos
Dar à vida maior prazer
E a mocidade mais forte
Também terá outra sorte
Outra vontade de viver.

Não vá, bom Deus, julgar
Que a guerra que eu estou falando
É onde estão se encontrando
Tanques, fuzis e canhões
Refiro-me a esta grande luta
Em que a humanidade
Em busca da felicidade
Combate pior que leões
Aonde a dona divergência com o seu archote
Espalha os raios da morte
A destruir os casais
E eu combatente atingido
Sou qual um país vencido
Que não se organiza mais.

Brasa

samba

Lupicínio Rodrigues
Felisberto Martins

31
Gm7
A7
36
D
Fim
D
E7
41
Am
A7
D
Fm Am7
Dm
47
A7
B7
E7
A7(♭9)
53
A7
D
E7
A7

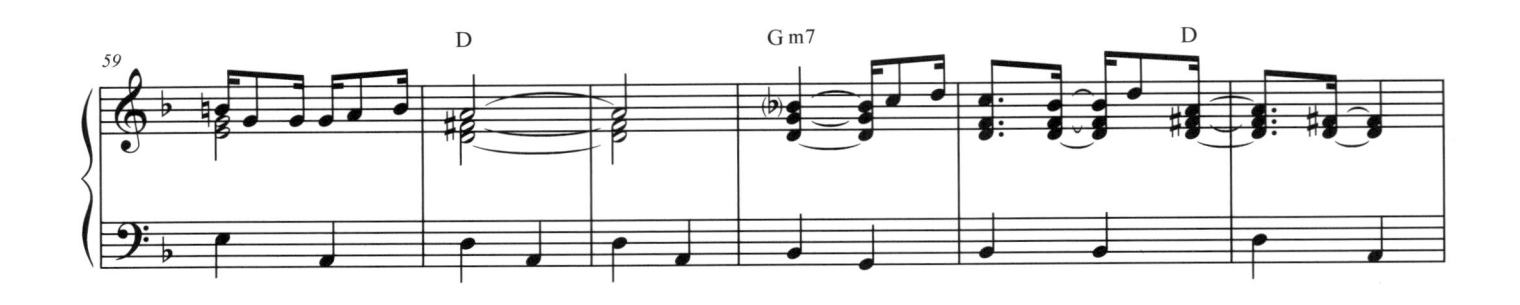

Você parece uma brasa
Toda vez que eu chego em casa
Dá-se logo uma explosão
Ciúme de mim não acredito
Pois meu bem não é com grito
Que se prende um coração
Desculpe a minha pergunta
Mas quem tanta asneira junta
Ensinou a me falar
Seu professor bem podia
Ensinar que não devia
Deste modo me tratar

E você ainda chora
Quando eu passo as noites fora
Não venho em casa almoçar
É que as mulheres da rua
Tem a alma melhor que a sua
Sabem melhor me agradar
Às vezes minha demora
É diminuindo a hora
Para consigo eu estar
Se apagasse esta brasa
Eu não sairia de casa
Dia e noite a te adorar